Dampfzeichen

Reihe 21. Jahrhundert

ebuch.me

Dem anderen sein Anderssein verzeihen, das ist der Anfang der Weisheit.

Chinesische Weisheit (http://www.aphorismen.de)

Sandra Ravioli

Dampfzeichen
E-Zigarettenbrevier

Bibliografische Information der Deutschen Nationalbibliothek. Die Deutsche Nationalbibliothek verzeichnet diese Publikation in der Deutschen Nationalbibliografie; detaillierte bibliografische Daten sind im Internet über http://dnb.d-nb.de abrufbar.

© Oktober 2011 Sandra Ravioli Alle Rechte vorbehalten. Keine unerlaubte Vervielfältigung oder Verbreitung. Herstellung und Verlag: Books on Demand GmbH, Norderstedt. ISBN 978-3-844 800 661. Die Homepage der Buchreihe findet sich unter www.ebuch.me Redaktion: Marika Krücken, Umschlaggestaltung: Social Softwork GmbH www.social-softwork.com

Über dieses Buch:

Dieses Werk richtet sich in erster Linie an Kettenraucher.

Wie funktioniert das Dampfen? Was ist in einer elektronischen Zigarette drin? Warum braucht ein Kettenraucher kein Modell in der Optik einer Zigarette nachempfunden? Warum ist es gesünder, zu dampfen als zu rauchen?

Warum ist Dampfen kein Mittel gegen Nikotinsucht, sondern nur ein gesünderer Ersatz zur konventionellen Zigarette?

Welche Modelle gibt es und welche sind für starke Raucher befriedigend? Dampfen ist viel aufwendiger, als eine Schachtel Zigaretten zu kaufen, als Einstieg in eine Nikotinsucht ist das Medium ungeeignet.

Dieses Buch will Fakten und Informationen an Interessierte liefern.

*Mein Dank gilt allen Menschen des
e-raucherforums.de und dem DT, die unermüdlich
Neulingen mit Rat zur Seite stehen und viele
Facetten rund um die E-Zigarette zu ihrem Thema
gemacht haben.*

Sandra Ravioli im Herbst 2011

Inhalt

Vorwort

Ich lebe in einem Land, in dem Zigaretten wenig kosten. Dieser geringe Preis geht zulasten von importierten Zigaretten. Teure Mentholzigaretten, die ich 36 Jahre lang zwischen 60 und 80 Stück am Tag geraucht hatte, waren einfach eines Tages verschwunden. Anstelle dessen lagen dünne Stäbchen mit Menthol an den Kiosken aus. Mehr Papier, weniger Tabak. In dieser Situation erinnerte ich mich an eine Werbung für E-Zigaretten, suchte im Internet Informationen und kaufte mir das erste Fehlmodell. Dennoch geschah für mich das Unglaubliche, es funktionierte und ich hörte das Rauchen fast gänzlich auf. Ich dampfte mein Nikotin. Anders als bei Zigaretten überzeugte mich die Aromavielfalt. Die Giftstoffe sind auf ein Minimum reduziert und die Gesundheit erholt sich tatsächlich.

Dieses Buch richtet sich an Kettenraucher. An Menschen, die nicht unbedingt kein Nikotin mehr wollen, sondern an Menschen, die eine Alternative zur herkömmlichen Zigarette suchen und dabei als Nebeneffekt insbesondere ihre Lungenfunktionen verbessern können. Dampfen eignet sich nach meiner Meinung nicht als Einstieg in die Nikotinsucht, dafür ist es zu zeitaufwendig. Es taugt aber für Menschen mit jahrzehntelanger Rauchkarriere, die nicht aufhören können oder wollen.

Während im östlichen Ausland rauchen oft billiger als dampfen ist, schaut dies in Europa aus. Die Anfangskosten der ersten drei oder vier Monate sind hoch, pendeln sich jedoch nach einem Jahr ein. Dampfen ist langfristig „noch" eine billigere Alternative.

Wie wir im Laufe des Breviers sehen werden, haben die Lobby von Tabak- und Pharmaindustrie sowie der Staat das Thema schon für sich entdeckt.

Dieses Brevier möchte lediglich informieren, weder Versprechungen abgeben noch verführen.

Aufbau der elektronischen Zigarette

Simpel formuliert:
Der Aufbau einer elektronischen Zigarette ist einfach. Mittels eines Akkus (Lithiumbatterie) und eines Verdampfers, der durch Draht den Strom des Akkus weitergibt und einer Flüssigkeit, die mittels Glasfaser oder Metallnetz transportiert wird, entsteht die Möglichkeit, Dampf zu inhalieren und damit sowohl Geschmack als auch Nikotin zu konsumieren.

Die Stoffe werden dabei nicht verbrannt und es entstehen kein Rauch und kein Teer.

Mit Rauchen hat dieser Prozess nichts zu tun, sondern mit Verdampfen der Trägerflüssigkeit. Aus diesem Grunde ist die Bezeichnung E-Rauchen abzulehnen. Dafür müsste man die E-Zigarette anzünden.

Es entsteht kein Rauch, sondern Dampf. Gesundheitsschädigende Stoffe für die Umwelt konnten nicht festgestellt werden.

Die Bezeichnung E-Zigarette ist falsch. Dampfer passt wesentlich besser und verführt den Staat und Ärzte nicht zu falschen Aussagen.

Im Regelfall ist in der Batterie noch ein Chip eingebaut. Dieser sorgt dafür, dass der Strom gleichmäßig abgegeben wird (getaktete Akkus).

Was Dampfen nicht ist

Dampfen ist kein Mittel gegen Nikotinsucht, sondern ein gesünderer Ersatz zur konventionellen Zigarette.

Die verwendeten Liquids sind kein Medikament, sonst müssten auch Zigaretten ab morgen nur noch in Apotheken verkauft werden.

Dampfen ist nicht gesund, aber gesünder als das Rauchen von Zigaretten.

Dampfen eignet sich, um das Rauchen zu unterlassen. Es ist aber nur sehr bedingt eine Lösung, um Nikotinsucht zu überwinden.

Dampfen ist viel aufwendiger, als eine Schachtel Zigaretten zu kaufen. Für Leute, die einfach so mal Nikotin konsumieren wollen, ist es ungeeignet. Damit dürfte es aber auch für Jugendliche im

Regelfall komplett uninteressant sein und sich nicht als Einstiegsmittel in eine Nikotinsucht eignen. Obwohl einige Medien dies natürlich gerne der Öffentlichkeit anders verkaufen möchten.

Die Grundausstattung in den ersten Monaten kostet mehrere Hundert Euros. Langfristig mag man damit Geld sparen, dennoch ist es für ärmere Bevölkerungsgruppen ein Problem, sich das Grundequipment zu leisten. Insofern gehört die E-Zigarette zu den Lifestyleprodukten und den Genussmitteln.

Dampfen von Liquids

Um Dampfen zu können, benötigt man Liquids. Diese bestehen meistens aus PG (Propylenglykol) und VG (Vegetabelglycerin).

Bereits 1942 forschte der Arzt Oswald Hope Robertson am Universitätskrankenhaus in Chicago erfolgreich mit Propylenglykol als keimtötendes Mittel in der Luft von Krankhäusern.

Propylenglykol tötet nicht nur Keime ab, sondern sorgt auch für ein Abklingen von Bronchialentzündungen. Neuerliche Studien aus Neuseeland kommen zum gleichen Ergebnis.

Propylenglykol ist stark antibakteriell. Da es keimtötend ist, findet man es in praktisch jeder Hautcreme, aber auch in Zahnpasta, Seife etc. Durch seine konservierende Wirkung macht es den Einsatz zusätzlicher Konservierungsstoffe unnötig.

PG ist als Lebensmittelzusatzstoff zugelassen und gilt als nicht krebserregend. Hergestellt wird es aus Glycerin. Dieser Stoff wird auch bei Zigaretten verwendet, um ein Austrocknen zu verhindern.

Der zweite Stoff ist Vegetabelglycerin. Während PG ein Abfallprodukt aus Erdöl ist, wird VG als Abfallprodukt von Bioölen gewonnen. VG ist in jedem Speiseöl vorhanden.

In der Lebensmittelindustrie wird es unter anderem zur Erhaltung von Feuchtigkeit eingesetzt. So ist VG in jedem Kaugummi. VG sorgt für den Dampf beim Liquid.

Hinzu kommen Aromastoffe der Lebensmittelindustrie und Nikotin in der vom Verbraucher erwünschten Höhe.

Zu guter Letzt noch rund 10 % destilliertes Wasser.

Menschen, die auf Propylenglykol allergisch reagieren (selten, kommt aber vor), können auch

Liquids nur mit Vegetableglykol kaufen.

Beim Nikotin entscheidet sich der Verbraucher für Stärken von 0 % (nikotinfrei) bis zu üblicherweise 24 %.
Leute, die selber ihre Liquids mischen möchten, können reine Nikotinlösungen ohne Aromastoffe mit bis zu 36 Prozent Nikotin kaufen.

Ein traditionelles Liquid z.B. des Liquidherstellers Flavourart Italien besteht aus 35 Prozent VG, 50 bis 55 Prozent PG, 10 bis 15 Prozent destilliertem Wasser sowie Nikotin und Aromastoffe. Daneben bietet der Hersteller unter dem Namen Velvet Cloud auch reine VG Liquids, die kein Propylenglykol beinhalten.

Die Aromen sind zugelassene Lebensmittelaromen und finden sich praktisch in jeder Packung Chips, im Kaugummi, Speiseeis oder in billigen Industriekeksen wieder.

Der durchschnittliche Europäer dürfte oral mehr davon aufnehmen, als er am Tag verdampfen könnte.

Der bedenklichste Stoff im Liquid ist das Nikotin, das zu den Nervengiften zählt und sehr abhängig macht. Während in Zigaretten über 3 000 krebserregende Stoffe als chemische Verbindungen vorkommen, ist es bei der E-Zigarette lediglich das Nikotin, wobei die Krebserregung nicht als nachgewiesen gilt, sofern der Stoff nicht verbrannt wird.

Eine Belästigung der Umwelt gibt es bei der E-Zigarette nicht. Es brennt nichts und es werden keine Giftstoffe an die Umwelt abgegeben. Der Raucher stirbt am Teer und nicht am Nikotin, wie ein Bericht in der Welt mal treffend feststellte.

Die Verbrennungsprozesse erzeugen ein Gemisch aus den unterschiedlichsten kanzerogenen Stoffen als Feinstaub.

Bei Liquids wird nichts verbrannt und die Stoffe, die darin enthalten sind, gelten als nicht kanzerogen. Es entsteht auch kein Feinstaub. Die Lunge wird praktisch nicht belastet.

Quellenangaben:

http://www.medical-answers.org/hd/index.php?t=Oswald+Hope+Robertson

http://www.time.com/time/magazine/article/0,9171,932876,00.html

http://de.wikipedia.org/wiki/1,2-Propandiol

http://service.ble.de/tabakerzeugnisse/index2.php?site_key=153

http://de.wikipedia.org/wiki/Glycerin

http://www.welt.de/print/die_welt/wissen/article13422931/Suechtig-machendes-Nervengift.html

ttp://de.wikipedia.org/wiki/Tabakrauch

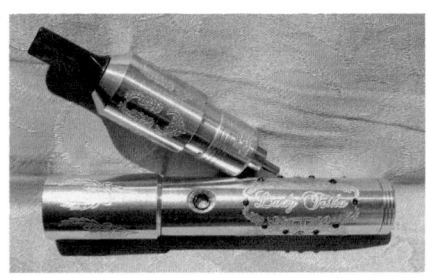

Bulli getaktet

Nikotinentwöhnung und nicht rauchen

Wie der Titel schon nahelegt, sind es zweierlei Dinge.

In den Liquids, die man zum Dampfen verwendet, sind durchschnittlich zwischen 0 und 24 Prozent Nikotin enthalten. Umsteigern oder einfach neugierigen Rauchern wird angeraten, mit 18 Prozent Nikotin zu beginnen.

Es gibt Menschen, die durch langsames Senken der Menge des Nikotins bis auf 0 Prozent Nikotin und damit in der Folge zur absoluten Nikotinfreiheit kommen. Allerdings hätte diese Gruppe dasselbe vermutlich auch ohne E-Zigaretten geschafft. Da die E-Zigarette vor allem ein attraktives Produkt für Raucher mit jahrzehntelanger Rauchkarriere ist, sollte man einer falschen Substituierung des Produktes keinen Vorschub leisten.

Falsche Versprechen sollte man den Produkten wie

Nicorette und Co. überlassen. Übrigens von der Nicorette stellte sich beim Autor immer sofort der Wunsch nach einer vernünftigen Zigarette ein und sonst nichts. Beim Dampfen fehlt dieser Wunsch - zumindest meistens.

Mit der E-Zigarette ist man Nichtraucher, die Lunge erholt sich und man kann seine gesundheitliche Fitness wieder aufbauen, das Passivrauchen für die Umwelt entfällt.

Viele der Dampfer rauchen anfänglich noch ein paar Zigaretten. Besonders morgens oder in Stresssituationen brauchen manche ein paar Züge an einer richtigen Zigarette. Nikotin, das verbrannt wird, ist innerhalb von wenigen Sekunden aktiv und entfaltet seine Wirkung im Nervensystem. Die gedampfte Form des Nikotins benötigt dafür 5 Minuten. Je länger man aber dampft, umso weniger schmecken die Zigaretten.

Es gibt zwei Formen des Nikotins: gebundenes Nikotin und sogenanntes freies Nikotin. Das freie Nikotin wird in Sekundenschnelle aufgenommen, durchbricht die Zellwände und verschafft so innerhalb von Sekunden einen Nikotinkick im Gehirn. Die freie Form des Nikotins kann durch den Rauch schneller befriedigen, macht aber deutlich süchtiger. Dagegen wirkt das gebundene Nikotin deutlich langsamer.

In Liquids kommt nur gebundenes Nikotin vor. Bei E-Zigaretten sorgt es anfänglich für das Dauernuckeln an der E-Zigarette.

Das gebundene Nikotin macht deutlich weniger abhängig als ungebundenes Nikotin. Es ist einer der Gründe, warum manche Dampfer nach einigen Wochen Anzeichen von Entzug verspüren. Lediglich der Leidensdruck, der beim kalten Entzug existiert, fehlt hier.

Quellenhinweis

http://www.wissenschaft.de/wissenschaft/news/225358

Entzugserscheinungen

Obwohl man Nikotin bekommt, klagen dennoch viele Neudampfer nach einigen Wochen über Entzugserscheinungen. Was aber erzeugt dann das Gefühl von leichten Entzugserscheinungen?

Zigaretten enthalten künstlich zugesetzte Stoffe wie Ammoniak oder Zucker. Indem sie verbrannt werden, lösen ihre Moleküle zusätzliche süchtig machende Effekte aus. Vor allem MAO-Hemmer, die in der Behandlung von Depressionen medizinisch eingesetzt werden. Raucher bekommen diesen Effekt per Zigarettengemisch frei Haus geliefert. Kurz gesagt, der Raucher ist nicht nur vom Nikotin abhängig.

Allerdings können beim Umstieg auf die E-Zigarette genau diese MAO-Hemmer leichte Entzugserscheinungen bewirken.
Mein Rat wäre, anstelle über echte Zigaretten zu

philosophieren und sich zu quälen, einfach ab und an ein paar Züge rauchen. Es wird mit der Zeit immer weniger werden.

Plötzlich auftretende Heißhungerattacken nach einigen Wochen Dampfen gehören gemäß der WHO ebenfalls zu den Entzugserscheinungen.

Diese Attacken können ein oder zwei Tage anhalten und verschwinden genauso schnell, wie sie aufgetaucht sind.

Nochmals kurz zusammengefasst, Inhaltsstoffe der Liquids für Dampfgeräte:

Nikotin	*Suchtstoff gebunden*
Propylenglykol	*Grundstoff von Inhalatoren*
Glyzerin	*In Kaugummi*
Wasser	*Destilliertes Wasser*
Aromen	*Lebensmittel aller Art*

In Zigaretten (nur die wichtigsten Stoffe):

Nikotin   Suchtstoff

Teer (**krebserregend**) Straßenbelag

Blei (**stark giftig**) Batterien

Formaldehyd (**krebserregend**) Desinfektionsmittel

bei Präparationen z.b. von Leichenteilen

Blausäure (**stark giftig**) Rattengift

Arsen (**krebserregend, stark giftig**) Rattengift

Polonium 210 (**krebserregend**) radioaktives

chemisches Element

Kohlenmonoxid (**stark giftig**) Auspuffgase

Ammoniak (**krebserregend**)

(Auszug von insgesamt mehreren Tausend Stoffen)

Daneben gibt es eine Reihe von Symptomen, die ich eher einer Regenerierung des Organismus´ zuschreiben würde.

Metallischer Geschmack im Mund oder Mundtrockenheit

Als Beispiel:

Abhilfe schafft viel Trinken, eventuell Spülungen mit Steva.

Reines Zähneputzen und Mundwasser helfen nicht. Allerdings kann man plötzlich deutlich besser riechen, wenn dieser metallische Geschmack verschwunden ist.

Deswegen dürfte es vermutlich einer Regenerierung der Flimmerhärchen in der Nase und der Regenerierung des oberen Lungenbereiches zuzuschreiben sein.

Husten:

Am Anfang klingt bei den meisten Menschen ziemlich schnell der Raucherhusten ab. Es dauert nur einige Tage und der Husten ist weg. Zündet man nun eine Zigarette an und dampft anschließend, kommt es plötzlich zum Husten.

Man hustet nicht wegen des Dampfens, sondern die Lunge versteht das Husten als Mittel, abgelagerte

Fremdkörper loszuwerden. Bei manchen taucht nach einigen Wochen des Dampfens beim Anzünden einer Zigarette Husten auf.

Beide Reaktionen sehe ich eher als Symptome einer normalen Regenerierung an.

Zigaretten beinhalten Stoffe, die das Husten unterdrücken sollen. Wenn sich die Lunge wieder wehrt, reagiert sie normal.

Wen es aber beunruhigt, der sollte einen Arzt aufsuchen.

In wenigen Fällen wurde Husten im Zusammenhang mit einer Überempfindlichkeit auf PG festgestellt. Hier hilft ein Liquid mit VG (siehe Bezugslisten in der Linkliste).

Ebenfalls zu den Entzugserscheinungen gehört Mundtrockenheit, die durch das PG noch etwas verstärkt wird, hier hilft einfach viel trinken. Die Mundtrockenheit verschwindet nach wenigen Wochen.

Ebenfalls tritt gerne ein Räuspern auf. Auch dies gehört vermutlich zur Regenerierung.

Nach einigen Wochen verschwindet das Räuspern, kommt jedoch wenn man zwischendurch einige Zigaretten raucht wieder.

Die Ursache ist vermutlich nicht das Dampfen, sondern der Rauchstopp und damit verbunden eine Rekonvaleszenz der angegriffenen Organe.

Gesundheitliche Aspekte

Im Frühjahr 2011 stellte ich in einem E-Zigarettenforum folgende Umfrage ein: Wie lange schon seid Ihr Raucher gewesen, bevor Ihr das E-Dampfen entdeckt habt?

Zur Auswahl stand:

weniger als 5 Jahre

mehr als 10 Jahre

mehr als 20 Jahre

mehr als 30 Jahre

mehr als 40 Jahre

mehr als 50 Jahre

Es antworteten 166 Mitglieder. Davon gaben 2 Personen oder 1,2 Prozent an, weniger als 5 Jahre geraucht zu haben und insgesamt 132 Personen hatten eine Raucherkarriere über 20 Jahre. Davon rauchten die meisten (40,3 Prozent) mehr als 30 Jahre.

Ein deutlicher Hinweis dafür, dass E-Zigaretten vor allem Raucher mit einer jahrelangen Nikotinabhängigkeit glücklich machen.

Ebenfalls im Frühjahr 2011 wurde eine Umfrage mit der Frage gestartet „Mein Gesundheitszustand hat sich ..."
Folgende Antworten standen zur Auswahl:

stark verbessert, seitdem ich dampfe
moderat verbessert, seitdem ich dampfe
kaum verbessert, seitdem ich dampfe
leicht verschlechtert, seitdem ich dampfe
stark verschlechtert, seitdem ich dampfe
nicht verändert

Es antworteten 214 Personen. Davon bejahten 180 Personen mit stark verbessert und moderat verbessert, unverändert 18. Eine leichte Verschlechterung kreuzten 2 Personen an. Allerdings war nicht festzustellen, worin diese

Verschlechterung bestand, da sich diese Teilnehmer nicht geäußert hatten. Wenn dies in den ersten Monaten nach dem Rauchen war, kann es sich um die typische Raucherstopp Symptomatik handeln.

So wirkt Rauchen bei tiefem Blutdruck stabilisierend und in einigen Fällen stimmungsaufheiternd. Manche Menschen können sich durch Rauchen besser konzentrieren etc. Diese Liste sollte man allerdings mit Vorsicht genießen. Sie stammt von Antiraucherkampagnen und dürfte meistens von Nichtrauchern geschrieben sein.

Bis auf die positive Reaktion bei zu tiefem Blutdruck erscheint mir der tatsächliche wissenschaftliche Nachweis zu fehlen. Erhöhte Konzentration, wenn der Raucher gleichzeitig unter tiefem Blutdruck leidet und dann eine Zigarette raucht, gehört eher zu den Wechselbeziehungen – Blutdruck und Energie, somit zu physiologischen Auswirkungen.

Der Vorteil der E-Zigarette ist auf alle Fälle, dass die meisten starken Raucher sie ohne große Probleme gegen die Zigarette austauschen können. Selbst die erwähnten leichten Entzugserscheinungen sind nicht zu vergleichen mit tatsächlichen Entzugserscheinungen beim Rauchstopp mit Medikamenten wie Pflaster und Co. Allerdings bleibt die Nikotinsucht meistens erhalten, ihre Befriedigung ebenfalls.

Im Juni 2011 wurde eine weitere gesundheitliche Frage gestellt. Es ging um das Wechseln zum Dampfen von Exrauchern mit schwersten gesundheitlichen Beeinträchtigungen, die eindeutige medizinische Befunde hatten.

Abgefragt wurden folgende Erkrankungen:

Raucherbeine
Lungenemphysem
Lungenkarzinom

COPD III

COPD IV

3 Personen mit diagnostizierten Raucherbeinen, 1 Person mit Lungenkarzinom, 5 Lungenemphyseme und ein COPD III Stadium bestätigten eine subjektive Verbesserung ihres Befindens. Ebenfalls fand sich ein Bericht eines COPD III Patienten, der bereits mehrmals wöchentlich Sauerstoff benötigte. Nach der Umstellung auf das Dampfen konnte er wieder ohne Sauerstoffzugaben leben.

Dies macht Dampfen nicht zu einem Medikament oder einem Wundermittel. Wie beim Rauchen befriedigt die E-Zigarette den Wunsch nach Nikotin. Zudem schmeckt die E-Zigarette. Die Abhängigkeit nach Nikotin bleibt, aber ohne die tragischen gesundheitlichen Folgen durch die Kippen.

Die Umfragen ließen keinen Rückschluss darüber

zu, dass es bei der Befragung um mehr als bloße Neugierde des Fragenden gehen könnte.

Alle Umfragen wurden anonym durchgeführt.

Positive Schnelleffekte

Fast alle Kettenraucher können innerhalb weniger Tage wieder durchschlafen. Das den Kettenrauchern bekannte Rasseln in der Brust ist nach wenigen Tagen verschwunden.

Dies trifft auch dann zu, wenn der Kettenraucher neben der E-Zigarette noch zwei oder drei Zigaretten konsumiert. Tatsächlich fehlt einem Kettenraucher am ehesten früh morgens eine Zigarette, da das Dampfen von Nikotin nicht den gleichen Aufwacheffekt erzeugt. Es dauert länger, bis man sich wirklich wach fühlt.

Auswahl an Akkus und Verdampfern

Psychologische Aspekte

Dampfen mit guten Geräten und Liquid ist zeitaufwendiger, als sich am Kiosk eine Schachtel Zigaretten zu kaufen. Als Einstiegsmittel in eine Nikotinsucht ist die E-Zigarette nicht massentauglich.

Für ältere Kettenraucher ist aber gerade im Anfangsstadium das Nachfüllen von Tanks, die Reinigung der Verdampfer, das Einkaufen unterschiedlicher Geräte, das Informieren in Foren und das Austauschen mit anderen Dampfern eine zusätzliche Ablenkung. Dampfen kann zu einem netten Hobby werden.

Es gibt in jedem deutschsprachigen Land Dampfertreffen, wo man sich auch unterschiedliche Geräte ansehen kann und neue Freunde findet.

Dazu kommt, dass die E-Zigarette - auch wenn ein

gutes Modell nichts mit dem Aussehen einer Zigarette gemein hat - etwas ist, was man ähnlich einer Zigarette oder Pfeife in der Hand hält. Vielen Rauchern ist dieses Gefühl wichtig.

Beim Dampfen entstehen für die Umwelt kein unangenehmer Geruch und keine Belästigung durch Nikotin sowie andere Giftstoffe. Viele Dampfer haben Freude daran, dass man auch an den Orten dampfen kann, wo das Rauchen verboten ist.

Man sollte nicht andauernd provozieren. Man kann o dampfen, dass praktisch kein Dampf zu sehen ist, und entgeht damit langen Erklärungen. Zumindest der Gang auf die Toilette im Kino oder Theater gehört der Vergangenheit an.

Teil II Gesellschaft

Einführung

Leben wir in einem Zeitalter einer infantilen Gesellschaft?

Brauchen wir Gesetze, die uns erzählen, was gutes Benehmen ist oder versuchen, uns vor uns selbst zu schützen - quasi einen Überstaat? Erinnern Sie sich an das Mittelalter? Hexenjagden gerichtet gegen Menschen, die nur einen Fehler hatten; sie waren anders als ihre Zeitgenossen.

Nun leben wir in einem aufgeklärten Zeitalter. Wir können alle lesen und schreiben. Wer aber das Lesen beherrscht, ist gefährlich. Was, wenn er sich gegen die Obrigkeit wendet? Was, wenn er sein eigenes Ding machen will? Also muss man die Gesellschaft kontrollieren und infantilisieren.

Nicht zum Wohle der Gesellschaft, sondern zum Wohle des Staates. Die Puritaner heute, genauso wie auch schon vor Tausenden von Jahren, sind gerne bereit, den Staat dabei zu unterstützen. Was aber ist eigentlich der Staat?

Ist es wirklich so, wie wir es einst gelernt haben, wir alle?

Oder ist es nicht doch vielmehr nur eine graue wabernde Beamtenmasse, die vor allem eines will, sich und ihre eigenen Interessen schützen? Wie aber könnte dies miteinander zusammenhängen?

http://bazonline.ch/ausland/europa/Die-EU-draengt-auf-ein-Rauchverbot-in-Autos/

Warum sollte es Sie betreffen?

Weil es heute gegen Raucher geht und morgen wird man sich etwas Neues einfallen lassen. Die nächste größere Gruppe Menschen wird man versuchen, an die Kandare zu nehmen.

Vielleicht Tierliebhaber oder Übergewichtige oder Sportfeindliche ... Sie denken, der Staat will nur die

Gesundheit seiner Bürger schützen?

Dann sind die nächsten Kapitel für Sie von Interesse, denn der Staat will vor allem immer an das Geld seiner Bürger. So war es schon zu Zeiten des Römischen Reiches und so wird es auch noch in tausend Jahren sein. Je mehr Schulden der Staat hat, umso mehr wird er sich einfallen lassen, oft auch wider jede logische Vernunft.

Kurz vor Drucklegung führten die Dänen eine Fettsteuer ein.

http://www.spiegel.de/wirtschaft/
soziales/0,1518,789513,00.html

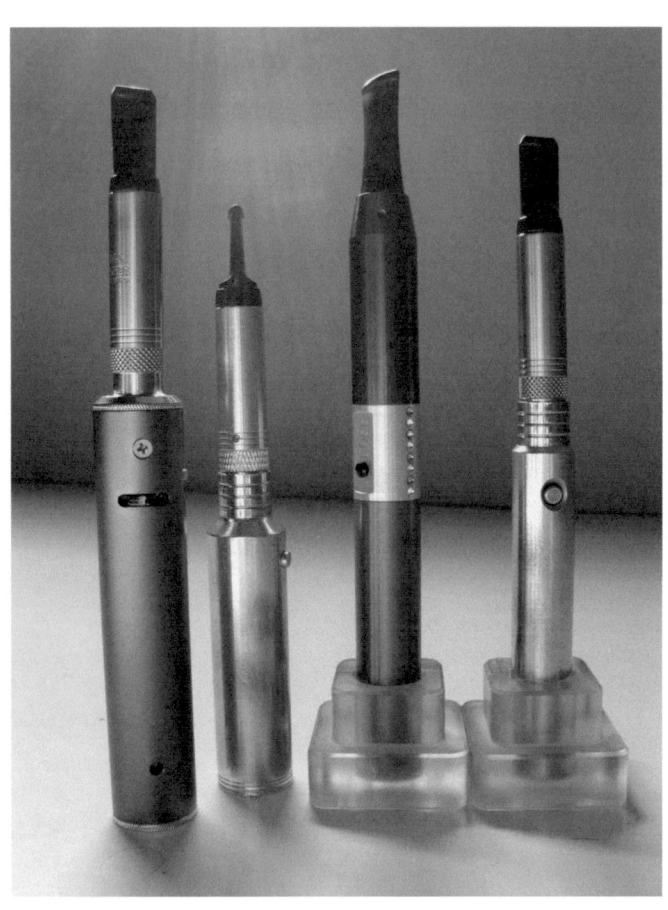

Der Staat

Offiziell will der Staat natürlich nur das Beste für seine Bürger. Ein Schelm, der da denkt, der Staat will an das Beste.

Im Jahre 2010 wurden rund 83 565 Millionen Zigaretten und 25 486 Tonnen Feinschnitt versteuert.

Das sind weniger Tabaksteuereinnahmen als im Jahre 2009, und weil das weniger ist, wurden in Deutschland per 1. Juni die Steuern angehoben. Wenn im Jahre 2009 eine Schachtel Zigaretten Euro 4.50 kostete, verdiente der Staat 3.74 Euro pro Schachtel.

Die angebliche Fürsorge des Staates hält auch im Bereich „man habe durch Raucher sonst höhere Kosten im Gesundheitswesen" nicht Stand. Diese Kosten zahlt nicht ein Budget, sondern jedes Krankenkassenmitglied.

Die Krankenkassenbeiträge steigen aber nicht

wegen der Raucher in ungeahnte Höhen, sondern wegen der Privatisierung von Krankenhäusern und einer Politik, die nicht willens ist, die Pharmaindustrie in die Pflicht zu nehmen. Die Tabaksteuern in Deutschland gehen unter anderem budgetmäßig in den Antiterrorkampf und nicht in das Gesundheitswesen.

Braucht es auch nicht, denn letztlich (und dies gehört zur Antiraucherpropaganda) sterben Raucher tatsächlich im Durchschnitt 10 Jahre früher als Nichtraucher. Der Staat spart also auch noch Rentenzahlungen und darüber ist der Staat sicherlich nicht traurig. Die angeblich höheren Kosten, die Raucher verursachen, müssten logischerweise dann auch durch die Tabaksteuer und durch die Rentenkassen gedeckt werden. Die Tabaksteuer wird aber zweckentfremdet. Oder rauchen alle Terroristen?

Manche staatlichen Stellen sind traurig, dass man am Liquid nicht kräftig mitverdienen kann. Weil aber der Staat um seine Bürger so besorgt ist, gibt es im EU-Parlament bereits entsprechende Initiativen. Die Schweizer haben es da viel besser. Weil sie in ihrem Gesetz mit der Formel Nikotin arbeiten und nicht mit der Formel Tabak, besteuern sie fleißig Liquids, auch solche ohne Nikotin. Wo E -Zigarette draufsteht, ist auch Zigarette drin, so vermutlich die Logik der Eidgenossen.

Wann werden sie wohl anfangen, die Kinderkaugummizigaretten zu besteuern? Das Pikante bei den Eidgenossen ist, dass für Nicorette und anderes aus der Apotheke keine Tabaksteuer entrichtet werden muss. Was nicht heißt, die E-Zigarette gehöre in die Apotheke. Sie ist ein Genussmittel und soll es auch bleiben. Sonst müssten auch Wein und Cognac, Eiscreme, Schokolade, Hummer und Austern und Zigaretten in der Apotheke landen.

Diesen Hinweis geben wir, weil man in Zeiten, wo

selbst Jahrtausende altes Saatgut durch Großkonzerne kommerzialisiert wird und Patente erhält, nicht vorsichtig genug sein kann.

Übrigens die Eidgenossen, das sind die, bei denen man wie in Holland auf dem Balkon seine eigene kleine Hanfplantage haben darf …, aber Dampfer werden schikaniert.

Doch auch die Österreicher lassen sich nicht lumpen. Damit die Pharmaindustrie, die sonst am Hungertuch nagen würde, freie Fahrt hat, kann man in der Apotheke Minizigis kaufen, aber die Liquids muss man im Ausland ordern.

https://www-genesis.destatis.de/genesis/online/logon?language=de&sequenz=tabelleErgebnis&selectionname=73411-0001

http://www.20min.ch/news/schweiz/story/Tabaksteuer-auf-Zigaretten-ohne-Tabak-18644120

Lobby

Ist es Zufall? Ausgerechnet in der Schweiz mit ihrer ausgefallenen Sichtweise auf die E-Zigarette, in der Krisenregion Neuenburg, beschäftigt Philip Morris 1 500 Mitarbeiter. Für die kleine beschauliche Schweiz ist dies eine beträchtliche Anzahl an Arbeitsplätzen.

Eine der größten Industrieunternehmen in der Schweiz, die ABB, beschäftigt 6 200 Mitarbeiter, Novartis inklusive aller Töchterunternehmen 12 500 Personen. 1 500 Arbeitsplätze in der ehemaligen Uhrenregion Neuenburg sind also durchaus ein Argument, das Politiker nicht einfach so mal kurz übersehen können. Der Standort ABB ist im Zürcher Umland. Die Novartis in Basel und einigen anderen Regionen.

In Deutschland lag der Umsatz der Tabakindustrie im Jahre 2009 bei 22,77 Milliarden Euro. Der

Verband der Tabakindustrie dürfte also ein nicht ganz unwesentlicher Verband sein. Sie fragen warum?

Ein Wahlkampf kostet Geld, viel Geld.

Bereits 2001 zahlten alleine die CDU/CSU und die SPD 100 Millionen DM für den Wahlkampf. Diese Zahlen dürften heute fast identisch sein, nur aus der DM wurde Euro. Solche Summen haben auch große Parteien nicht einfach in der Portokasse. Ergo brauchen Parteien Spenden für ihren Wahlkampf. So entsteht Lobbyismus. Als Spender infrage kommen Verbände. Neben der Tabakindustrie auch die Pharmaindustrie. Sowohl die Tabakindustrie als auch die Pharmaindustrie sind daran interessiert, die E-Zigis und die Dampfer unter ihre Kontrolle zu bekommen.

Dass es unsinnig ist - Dampfen unter Apothekenkontrolle zu stellen, weil es nicht gesund ist und auch nicht die Nikotinsucht löst - versucht man bereits in einigen Bundesländern dabei fleißig zu ignorieren.

Teil II Praxis

Gerätetypen

Wer Kettenraucher ist, der sollte von Anfang an Micros und Minis meiden. Sie sind nicht wirklich geeignet. Gerade Anfänger sind für die Optik dieser Geräte empfänglich, allerdings ist die Leistung dieser Geräte zu schwach und der Preis überteuert.

Man kann damit nicht herausfinden, ob Dampfen eine Lösung wäre, um den Zigaretten „adieu" zu sagen. Sie ähneln optisch mehr einer Zigarette, als die Egos oder Leos, haben jedoch Spielzeugcharakter.

Das Problem ist die mangelnde Akkuleistung. Wer alle 20 Minuten seine Akkus neu laden muss, wird nicht glücklich.
Man sollte sich ein Starterset zulegen und wem es

dann nicht gefällt, der kann es bei den entsprechenden E-Zigarettenforen in den Flohmärkten zum Kauf anbieten. Eine Liste mit den entsprechenden Foren findet sich im Kapitel Links.

Akkus

Befriedigende Akkuleistungen beginnen ab 650 mAh. Ab 900 oder 1 000 mAh wird der Kettenraucher durch Akkus belohnt, die einige Stunden arbeiten. Minis haben gerade mal 120 mAh und Pens 250 mAh.

Moderne Akkus besitzen einen kleinen Knopf, den man beim Dampfen drücken muss. Dahinter steht eine elektronische Regelung (sog. getaktete Akkus), die eine kontinuierliche Stromabgabe an den Verdampfer gewährleistet und zudem nur dann arbeitet, wenn man auch wirklich auf den Knopf drückt. Solche Akkus halten mehrere Stunden und das Ende der Leistung wird durch eine blinkende LED angezeigt.

Minis, Wegwerf-Zigaretten und Pens arbeiten meistens mit Unterdruck. Durch Ziehen am Depo wird Strom an den Verdampfer weitergegeben. Für

Anfänger erscheint dies im ersten Moment einfacher, wobei man sich schnell daran gewöhnt, den Knopf zu drücken und zudem durch mehr Power belohnt wird.

Bei größeren Modellen würde man ohne die elektronische Taktung riskieren, dass die Verdampfer durch Trommelbefeuerung der Akkus durchbrennen würden.

Der Umgang mit den Akkus, die Li-Ionen Batterien sind, ist simpel. Einfach ans Netz hängen und aufladen. Der Händlerhinweis, man müsse die Batterien das erste Mal 8 Stunden am Netz aufladen, stimmt definitiv nicht. Es handelt sich um eine Fehlmeldung, die einmal in einem chinesischen Handbuch aufgetaucht ist und nun weltweit tausendmal kopiert wird. Sobald das Netzteil von Rot auf Grün geht, ist der Akku aufgeladen. Man muss und man kann auch im Regelfall die Batterien nicht vollkommen entladen. Moderne Batterien haben damit kein Problem. Die

Batterien lassen sich im Allgemeinen mindestens 300 Mal aufladen, gehören aber wie alle anderen Teile der E-Zigarette zu den Verschleißteilen. Wer langfristig nicht mehr rauchen möchte, sollte als ehemaliger starker Raucher über genügend Ersatzbatterien verfügen. Wenn die Anzeige von Rot auf Grün wechselt, sollte der Akku vom Netz genommen werden. Moderne Akkus mögen keine Überladung.

Neben diesen Modellen gibt es noch sog. Akkuträger. Das ist ein Gehäuse und im Inneren befinden sich Industrieakkus. Beim Kauf sollte man darauf achten, dass der Zusatz PCB protected draufsteht, dies verhindert das Überladen der Akkus. Diese Geräte sind in der Anschaffung deutlich teurer als manch ein Starterset, jedoch im Unterhalt langfristig kostengünstiger. In der Linkliste finden sich für solche Geräte Herstellerlinks.

Zu guter Letzt noch Lösungen, die mit Passtrough

arbeiten. Hierbei kann man den Akku ans USB Port seines Computers anschließen und losdampfen. Aus computertechnischer Sicht ist diese Variante nur bedingt eine gute Idee. Man vermindert damit die Kapazität anderer peripherer Geräte, die an USB Ports hängen und andererseits sollte ein Kurzschluss stattfinden, hat man ein Problem. Im schlimmsten Fall ist der Laptop hin und die Daten sind weg.

Ungefähre Akkuleistung beim Dauernuckeln:

Minizig 250 mAh 15 Minuten
Ego 650 mAh 60 Minuten
Ego 900 mAh 90 Minuten
1000 mAh 120 Minuten
Ein guter Akku hält ca. 5 Stunden bei normaler Nutzung. Das heißt, man legt das Teil auch mal hin.

Achtung! Akkus sind Verschleißteile, nach ungefähr 3 bis 4 Monaten bemerkt man ein Nachlassen der Leistung. Wie lange ein Akku hält, liegt am eigenen Dampfverhalten.

Verdampfer

Die Funktionsweise ist simpel. Im Regelfall ist es eine kleine Heizwendel mit einem Metallnetz darüber.

Als Heizwendel wird ein Stück Draht verwendet, durch den der Strom geleitet wird. Der Vergleich mit einem kleinen Teekocher trifft es ganz gut. Das Metallnetz liegt über der Heizwendel, damit das Liquid gleichmäßig verteilt wird. Wie heiß die Wendel wird, liegt am verwendeten Draht und an der Spannung.

Grundsätzlich gilt, es gibt zwei Verdampferarten LR (Low Resistance) und Normal. Die Bezeichnung meint den Widerstand. Je tiefer, umso besser lässt sich der Verdampfer ziehen, allerdings gehen die LR-Verdampfer auch etwas schneller kaputt.

LR-Verdampfer kommen mit einem Widerstand

zwischen 1,6 – 1,8 Om daher, normale Verdampfer haben 2,1 bis 2,4 Om. Durch einen geringeren Widerstand fließt mehr Strom und dadurch wird mehr Dampf erzeugt.

Die Betriebsspannung liegt im Regelfall zwischen 3,6 bis 4,2 V bei 3 Watt. Fällt dieser Wert beim Akku, muss der Akku neu aufgeladen werden.

Moderne Akkus melden sich von selbst, wenn es Zeit für das Netzteil ist. Der Akku fängt einfach an, einige Male zu blinken.

Verdampfer sind, bis auf wenige Modelle zum Selbstwickeln, Verbrauchsartikel. Ein deutscher Hersteller mit handgearbeiteten Produkten stellen wir Ihnen am Ende des Buches vor.

Die klassischen metallischen Verdampfer benötigen noch zusätzlich einen Tank für das Liquid.

Tank und Verdampfer in einem Stück findet man unter der Bezeichnung Cartomizer sowie Clearomizer und Giantomizer.

Der Carto ist aus dunklem oder farbigem Plastik. Der Clearo durchsichtig und der Giantomizer hat ein Sichtfenster.
Vorteile sind zum Teil größere Füllmengen für das Liquid und eine andere Geschmacksnote. Der Clearo entwickelt einen wärmeren Dampf als die traditionellen Verdampfer. Nachteil, es kann schon mal etwas Liquid am Gewinde austreten.

Anders die Cleros der neuesten Generation.

Die Dual Coils. Wenn diese kleckern, dann einfach den Coil wechseln. Die neusten Cleroversionen, die Dual Coils auch kurz DC, sind ein neues Geschmackserlebnis und machen die EgoT Verdampfer überflüssig.

Liquids

Behälter für Liquids „Depots" und „Tanks"

Je nach Verdampfertyp werden unterschiedliche Depots benötigt. In den Depots befindet sich die Liquidflüssigkeit. Noch vor wenigen Monaten gab es fast nur Depots mit Watte. Mittlerweile gibt es Tankdepots ohne Watte. Die Vorteile sind ein schmackhafteres Liquid und eine bessere Kontrolle, wann ein Depot zur Neige geht.

Dampft man ohne Liquidflüssigkeit, schmeckt es schnell mal unangenehm. Die Depots können einfach schon aufgefüllt in der Handtasche oder in der Hosentasche bequem mitgeführt werden. Die Tanks werden durch einen Dorn im Verdampfer angeschlossen und das Liquid kann in den Verdampfer fließen. Die Menge, die in ein Depot passt, reicht von 0,6 ml bis zu 3 ml.
Bei Cleros und Giantomizern sind Depots überflüssig, da sie Depot und Verdampfer in einem sind.

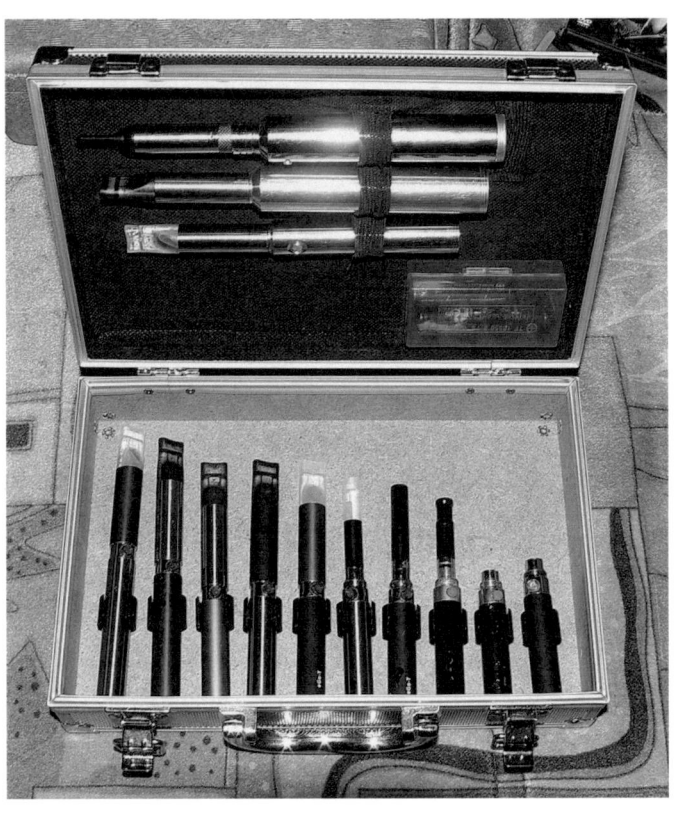

Liquids

Wie eingangs beschrieben, wählt man eine bestimmte Nikotinkonzentration aus. Es gilt bei Anfängern, die vorher starke Raucher waren, lieber etwas stärker auswählen als zu schwach.

Es gibt Liquids mit 0 Prozent Nikotin.

Was als „High" bezeichnet wird, ist von Hersteller zu Hersteller unterschiedlich. Es reicht von 15 % Nikotin bis zu 24 % Nikotin. Aus diesem Grunde sollte man immer vor dem Kauf im Internet die Herstellerangaben durchlesen.

Als „Medium" wird alles zwischen 9 bis 18 Prozent bezeichnet und als „Schwach" alles zwischen 3 bis 12 Prozent.

Liquids gibt es in allen möglichen und unmöglichen Geschmacksrichtungen. Grob eingeteilt werden sie meistens in:

Frucht

Dessert

Kaffee

Tabak

Sie werden sowohl als einzelne Aromen gedampft als auch gemischt. Frucht-Aroma, das am Anfang viele Umsteiger begeistert, stellt sich gerne nach einer Zeit als eher säuerlich heraus. Dessert-Aromen sind süßlicher und entsprechen im Regelfall dem realen Pendant im Lebensmittelregal.

Wer sich mit Lebensmittelaromen befasst, findet schnell heraus, warum man sie als naturidentischer empfindet.
Sie werden als Lieferanten der Lebensmittelindustrie im Bereich Aromastoffe für Milchprodukte und Bäckereibedarf gehandelt.

Wem ein Liquid nicht gefällt, der kann einfach andere Hersteller ausprobieren. Viele Shops bieten zudem eigene Kreationen an.

Aromastoffe werden in sehr geringen Mengen beigegeben. Je nach Hersteller zwischen 1 bis 5 Prozent.

PG und VG sind beides Stoffe, die Wasser binden. Deswegen sollte der Anfänger unbedingt genügend trinken. So beugt man dem Austrocknen und einem unangenehmen Geschmack im Mund vor.

Unter den Dampfern gibt es den Begriff „Flash". Es ist das Gefühl im Rachenbereich, das ein Liquid erzeugt. Um einen guten Flash zu haben, ist die Nikotinmenge ein ausschlaggebendes Moment.

Viel Dampf entsteht durch das VG.

Die Nikotinmenge im Liquid kann man mit der Zeit auf Wunsch senken. Es gibt Exraucher, die Liquids mit 0 Prozent Nikotin dampfen und dies durch langsame Senkung des Nikotins in Prozenten zum Liquid geschafft haben.

Neben den fertigen Liquids kann man auch selber mischen. Allerdings sollte man schon etwas Dampferfahrung haben. Bei den Links gibt es eine „muss man lesen" Seite. Darin steht das Wichtigste, was man als Selbstmischer wissen sollte. Zudem wird in dieser Buchreihe bald ein Mischbuch veröffentlicht.

Dass Liquids außerhalb der Reichweite von Kindern und Haustieren aufbewahrt werden, weiß vermutlich jeder selber.

Es gibt noch die schöne Bezeichnung „Apotheker-abfüllung".
Achtung! Solche Bezeichnungen sind nicht geschützt. So etwas kann man auch schreiben, wenn man in der Apotheke das PG und VG gekauft

hat und dann zu Hause Liquids mischt. Wer selbst mischt, wird ziemlich schnell dahinterkommen, dass es eigentlich keine Hexerei ist.

Ebenfalls lassen sich natürlich fertige Liquids untereinander mischen oder man aromatisiert fertige Liquids nach, wenn einem der Geschmack zu fade erscheint.

Frisch gemischte Liquids sollten zuerst noch drei Tage bis zwei Wochen ruhen. Manche Aromen entfalten sich erst nach einigen Tagen.

Aufbewahren sollte man Liquids im Dunkeln und nicht in der prallen Sonne. Aromen und Nikotin kann man bequem im Kühlschrank aufbewahren. Liquids reifen im Kühlschrank nicht nach. Deswegen, nicht neue Liquids im Kühlschrank aufbewahren.

10 ml Liquid entsprechen ca. 5 Schachteln

Zigaretten. Allerdings hängt auch viel vom eigenen Dampfverhalten ab, ob diese Angaben stimmen. Wer eher pafft wie bei einer Pfeife, nimmt weniger Nikotin auf und benötigt eventuell deutlich mehr Liquid.

Haltbar sind die Liquids im Regelfall rund 2 Jahre. Während noch vor zwei Jahren die meisten Liquids aus China kamen, gibt es mittlerweile die unterschiedlichsten europäischen Anbieter.

Welche Liquids und Aromen gefallen, ist letztlich Geschmackssache.

Trockenen Alkoholikern wird empfohlen, auf Aromen mit Triacetin zu verzichten. Triacetin ist eigentlich eine chemische Verbindung, in der sich Essigsäure befindet. Diacethyl, auch als Butteraroma bezeichnet, gehört ebenfalls zu den Stoffen, die im Aroma sein können. Manche sehen es als unerwünscht an.

Weitere Infos zu Diacethyl http://www.transgen.de/
datenbank/zusatzstoffe/288.diacetyl.html

Weitere Infos zu Triacetin http://das-ist-drin.de/glossar/e-
nummern/e1518-glycerintriacetat-triacetin/

Holzbulli

Los gehts

Der Akku ist aufgeladen, das Depot gefüllt und in den Verdampfer gesteckt. Bei neuen Depots in Form von Tanks nicht vergessen, dass der Tankdeckel entweder von dem Dorn im Verdampfer durchstochen wird oder wer es sanfter möchte, macht vorher bereits ein Loch mit einer Reiszwecke.

Da die meisten Akkus getaktet sind, muss man kurz auf den Knopf drücken, während man parallel zieht. Ziehen sollte man langsam und gleichmäßig. Kurz und heftig wie bei einer normalen Zigarette funktioniert bei der elektronischen Zigarette nicht.

Einige Tage Hustenanfälle sind normal. Nicht vergessen, in der Zigarette sind Stoffe enthalten, die den Hustenreiz extra unterdrücken sollen. Diese Stoffe fehlen in der E-Zigarette. Die Lunge wurde über Jahre geteert, dies muss zuerst einmal alles wieder heraus.

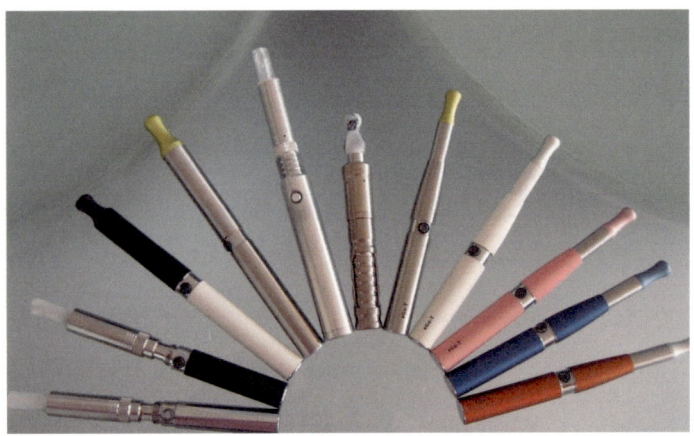

Anfängermodelle

EgoT, ein Tankmodell - eignet sich heute am besten für Anfänger. Dazu Liquids in der gewünschten Nikotinstärke (lieber etwas zu stark als zu schwach)! Sie ist mit sehr vielen DC oder Giantomizers etc. kompatibel.

Später kann man sich eine Pfeife oder Bulliextrem leisten und sich an das Selbstwickeln wagen. Bezugsadressen finden Sie in der Linkliste des Buches.

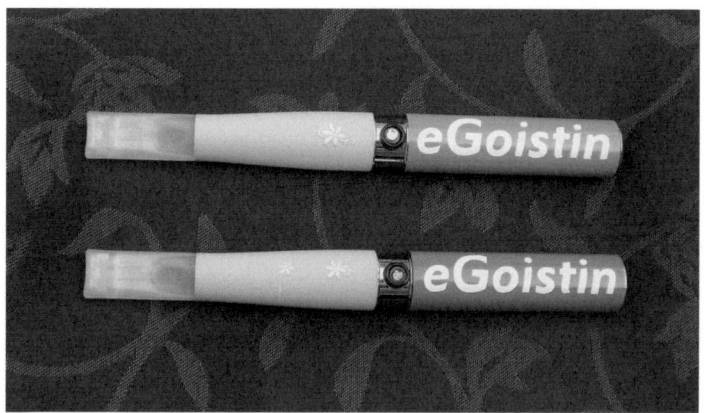

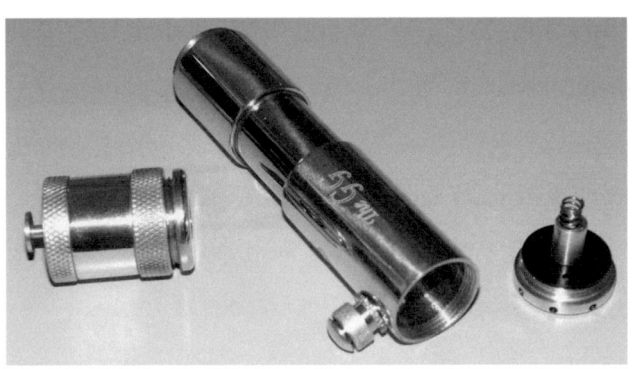

Anfängerfehler

Es muss aussehen wie eine Zigarette!

Was aussieht wie eine Zigarette, hat keine befriedigende Leistung. An das Gewicht eines Kugelschreibers gewöhnt man sich schnell!

Nicht in Foren lesen!

Foren sind eine gute Quelle für die Entscheidung, wo man seine Erstausstattung erwerben soll. Zudem entwickeln sich die Geräte, ihre Leistung und die Verdampfer laufend weiter.

Zu wenig Liquid bestellt oder zu wenig Akkus!

Geht das Liquid aus, hängt man sofort wieder an den Zigaretten.

Bäh, der Verdampfer schmeckt nicht!

Neue Dampfer von der Gewindeseite her auspusten. Manche Verdampfer haben ein Werksliquid und dies schmeckt wirklich nicht. Wenn auspusten nichts nützt, dann ausspülen und eine Nacht trocknen lassen. Man kann sie auch 10 Minuten in kochendes Wasser legen, ausspülen und nochmals 10 Minuten kochen, anschließend trocknen lassen.

Liquid tritt aus!

Bei Anfängern eine falsche Zugtechnik. Langsam ziehen, eventuell einfach nur etwas paffen und den Dampf im Mund sammeln.

Es schmeckt nicht wie eine Zigarette!

Es schmeckt besser. Unbedingt unterschiedliche Liquids kaufen. Diverse Geschmacksrichtungen, nicht nur Tabak. Tabak schmeckt nicht nach Tabak!

Sie werden lange damit beschäftigt sein herauszufinden, welches wirklich Ihre Lieblingsliquids sind. Nach ungefähr drei Monaten wird sich der Geschmack nochmals grundlegend ändern, denn dann haben sich die

Geschmacksknospen regeneriert und man „schmeckt anders".

Eine gute Möglichkeit unterschiedliche Liquids und Geräte zu testen sind Dampfertreffen. Veranstaltungsorte findet man in Dampferforen.

Mund ist zu trocken!

Für Anfänger gilt: trinken, trinken und nochmals trinken.

Ab und an noch eine Zigarette!

Ist nicht so tragisch. Manche Dampfer brauchen Jahre, bis sie wirklich absolute Nichtraucher sind. Aber drei Züge an einer Zigarette am Morgen oder vor dem Zubettgehen sind keine 60 Zigaretten am Tag!

Bäh es schmeckt nicht!

Es gibt gerade bei Anfängern wirklich Tage da scheint nichts zu schmecken. Mein Tipp: anderen Verdampfertyp ausprobieren. Milch neutralisiert den PH Wert im Mund.

Geschmacksknospen müssen sich erholen und dies bedeutet auch Tage an denen alles nach nichts schmeckt.

Der neue Verdampfer schmeckt eklig!

Dann ist noch Werksliquid drin. Variante 1. Von der Mundstückseite her auspusten. Variante 2. Über Nacht in Wodka legen und am nächsten Tag auf einem Zewa trocknen.

DualCoils reinigen!

Für 10 Minuten in gekochtes Wasser, ausspülen und noch mals 10 Minuten in kochendes Wasser. Papiertuch von der Mundstückseite rein drehen und trocknen lassen.

Wer Liquids hat, die er nicht mehr mag, kann sie in Foren tauschen. Fast jedes E-Zigarettenforum hat einen Flohmarkt für Mitglieder und Wanderpackete.

Kleines Glossar

VG	Vegetabelglycerin
PG	Propylenglykol
FA	Flavour Art italienischer Aromahersteller
A1 und A2	Bullismoker handgemachte Verdampfer
Cleros	Cleromizer
DC	DualCoils
Giantos	Giantomizer
510	Gewindebezeichnung zB. EgoT
EgoT	Gutes Anfängermodell
Leo und Lea	Konkurrenzprodukt der Ego mit vielem nicht kompatibel
T	Steht immer für Tanksysteme
LR	Low Resistance, Verdampfer mit niedrigem Wiederstand
Tank	Behälter für Liquid
Depot	Altes Modell mit Watte gefüllt für Liquid

CBV	Vertreibt Aromen in Deutschland
TAWA	Throw Away Atomizer, Verdampfer ohne oder kurzer Garantie, Wegwerfprodukt
Wickeln	Bezieht sich auf Verdampfer die man selber wickeln kann.
MapTanks	Für Cleros kann man bei Bastlern kaufen oder selber machen

Linkliste

Foren

www.e-rauchen-forum.de

http://www.dampfertreff.de

Blogs

http://herkules4.de/Dampferblog/

http://www.dampfzeichen.de

Kleine Auswahl an Shops

Liquids www.dampfwagen.de

Liquids dampfnuckelshop.de

Günstige Geräte www.peleon.pl/

Günstige Geräte dampferladen.com

Made in Germane www.bulli-smoker.de

Dampftests bei youtube

http://www.youtube.com/user/Dampferhimmel

http://www.youtube.com/user/vanderzarth

Bildnachweis, mit Dank an die Photographen

GTC

P.Apfelbaum

Herku herkules4.de/Dampferblog/

Harry Stiehl www.youtube.com/user/vanderzarth

Franz Jacob www.schmalspurmodellbahn.de

Egoistin Axa

Hazel Katherine Mabel

Paulinchen

Demnächst bei ihrem Buchhändler

Dezember 2011

Liquids und Aromen - Liquids für e-Zigaretten
selber mischen

Als Taschenbuch und als eBook

Januar 2012

Allein durch Russland - mit Auto, Bus und Bahn

Als Taschenbuch und eBook

Februar 2012

Weißrussland II - Von Wirtschaft und Leben
Als Taschenbuch und eBook

Weitere Titel in Vorbereitung

**Infos unter www.ebuch.me und
russlandbuecher.ru**

Weiterhin in dieser Buchreihe erschienen

- **Buchhaltung und Steuern** – Einfach erklärt für jedermann - ISBN 978-3-837054392 Auflage 2 Juni 2011

- **Firmenpraxis in Russland** – Ratgeber, Spiel- und Verhaltensregeln für jedermann – ISBN 978-3837002997

- **Russland anders** – Geheimtipps von Moskau bis Magnitogorsk – ISBN 978-383-7015805

- **Russland 2020** – Eine provokative These – ISBN 978-383-7076474

- **Personal in Russland** ISBN 978-3-837054392

- **Weißrussland anders** ISBN 978-3837002997

und viele andere Titel

Infos unter www.russland-buecher.ru und www.ebuch.me

84